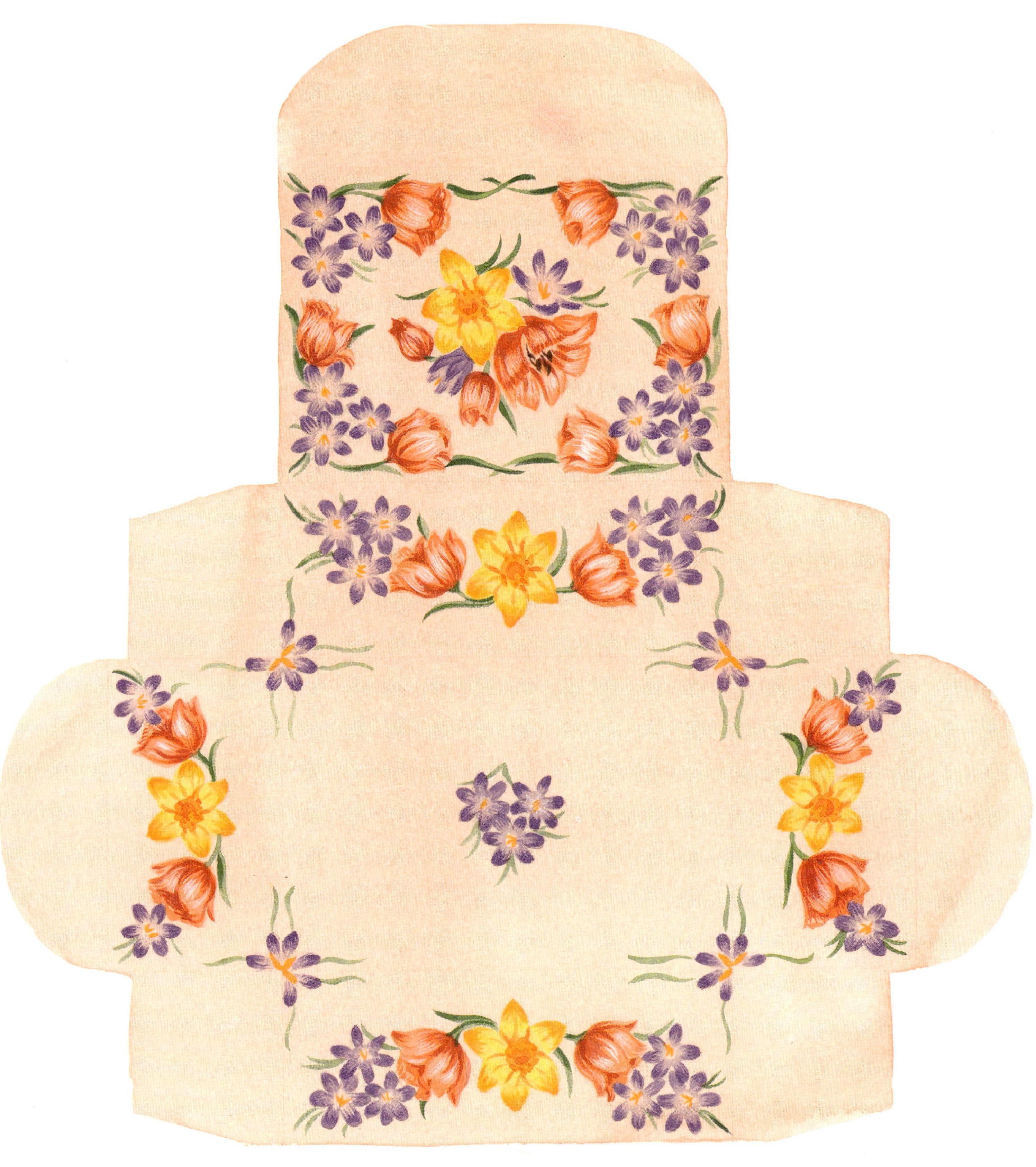

PLATE 1

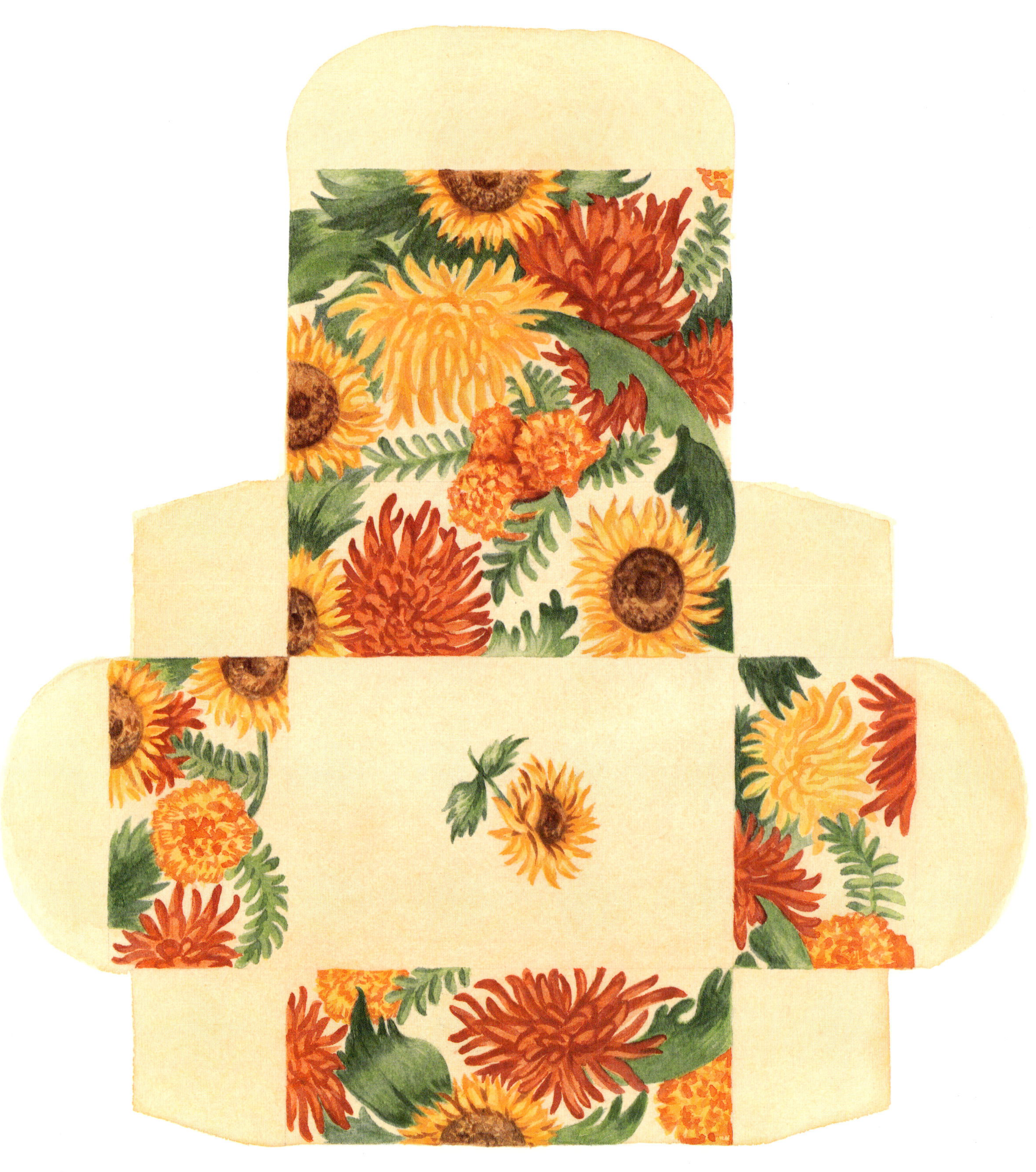

PLATE 3

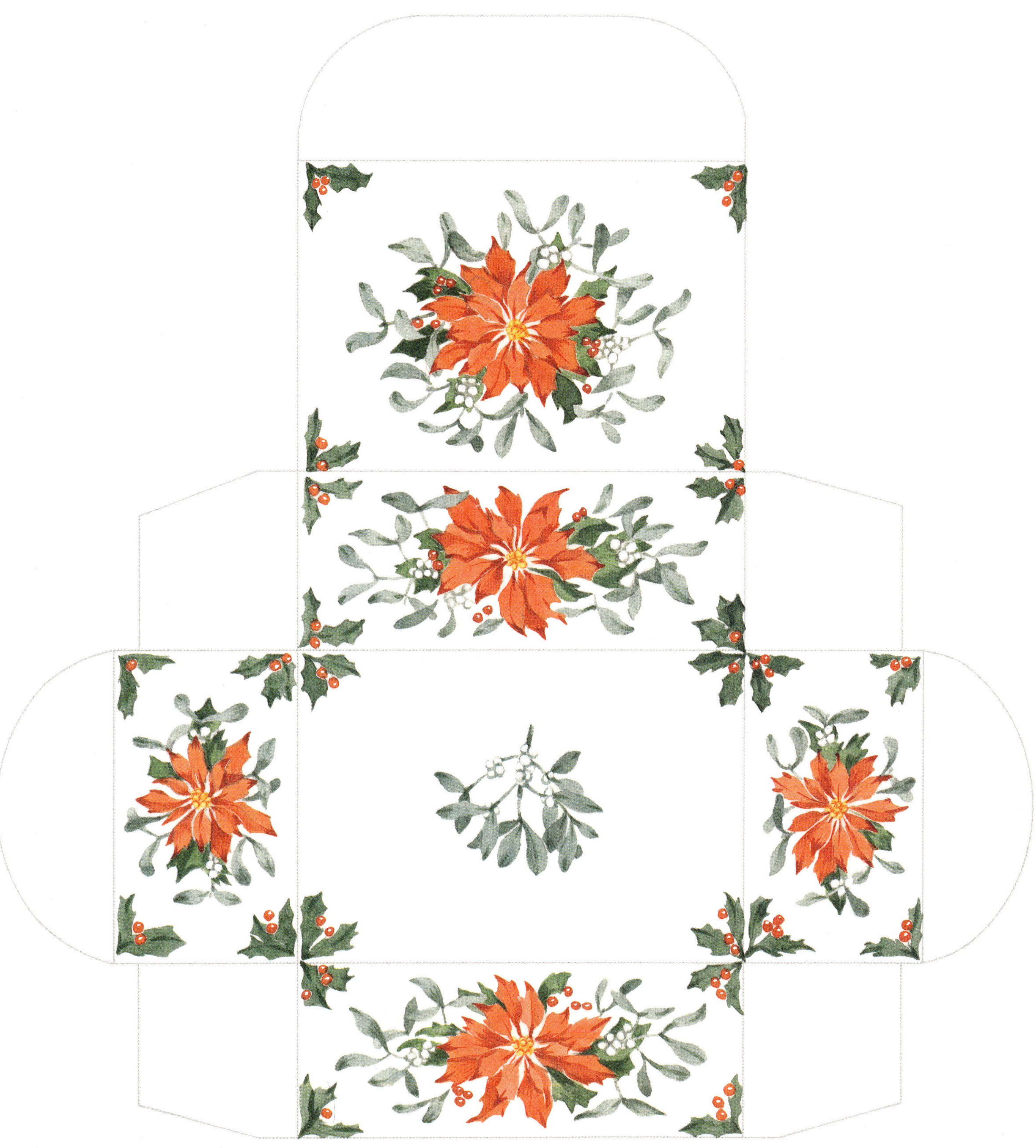

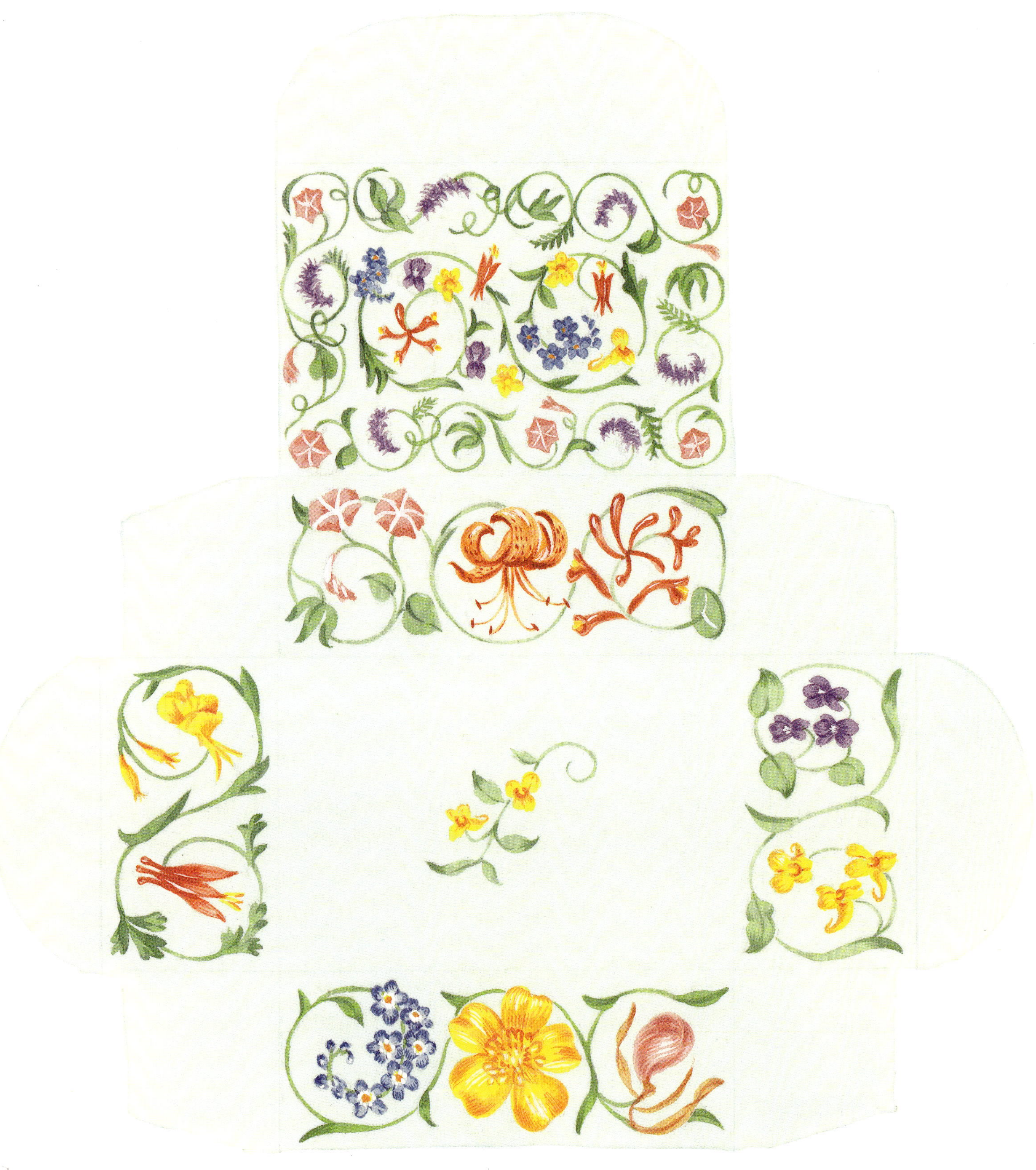

PLATE 5

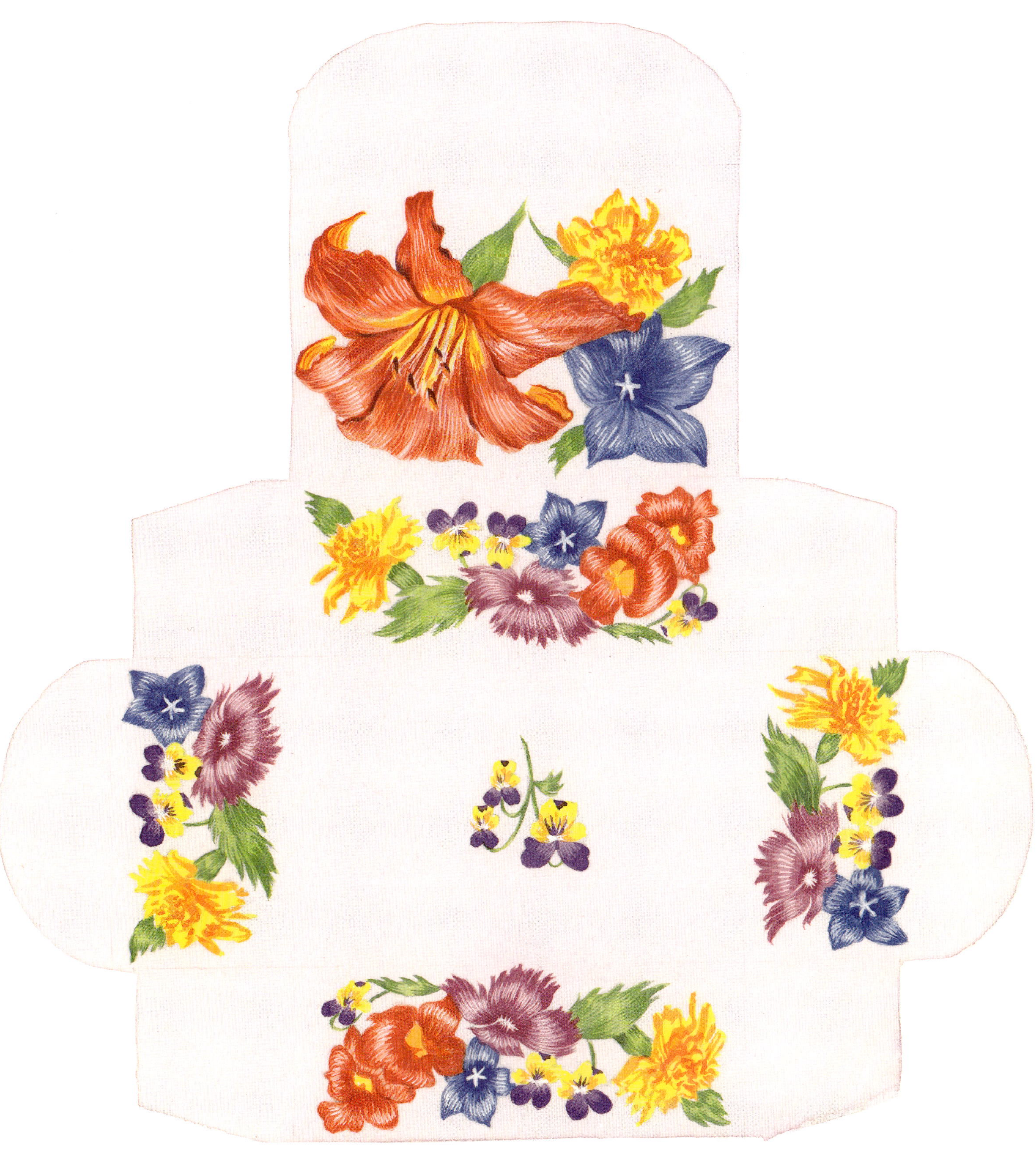

Plate 6